Наполненный Божьей Любовью

1 Коринфянам 13

Если бы я говорил на разных иностранных языках и пел прелестным голосом, но при этом не говорил с окружающими меня людьми вежливо и с любовью...

«Если я говорю языками человеческими и ангельскими, но во мне нет любви...»

(стих 1а)

...Мои слова звучали бы неприятно. В моем присутствии людям было бы неуютно. Они совсем не хотели бы меня слушать.

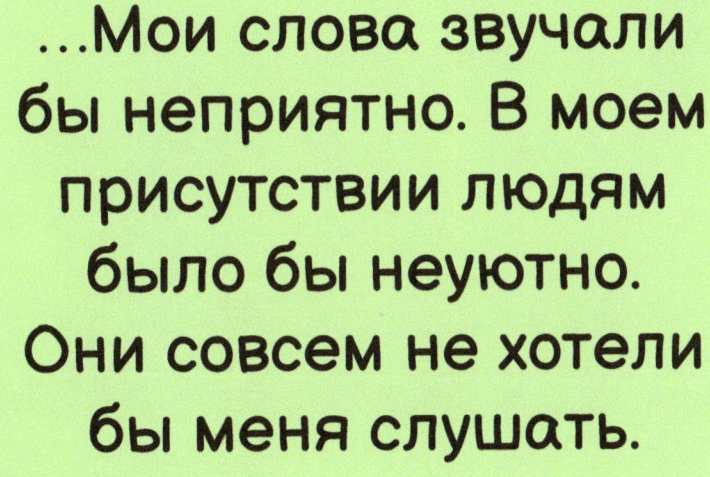

«То я в таком случае не что иное, как звенящая медь, как бряцающие тарелки.»
(стих 1б)

Я мог бы быть очень умным и даже лучшим учеником в классе. Я мог бы обладать знаниями в каждой области науки... Стал бы я тогда нравиться другим больше?

«Если у меня есть дар пророчества и я знаю все тайны, если мне даны все знания.»

(стих 2а)

Даже если я близок к Богу и каждый день молюсь; даже если у меня сильная вера и я могу совершать невозможное...

«И у меня есть вера, способная передвигать горы.»
(стих 2б)

Если я не отношусь к друзьям с любовью, а занят собой и не нахожу времени для других, мои добрые дела абсолютно не будут иметь значения.

«А нет любви, то я ничто.»

(стих 2в)

Если я отдаю свои лишние игрушки бедным детям, но при этом не хочу делиться чем-то с родным братом или сестрой, какая польза от моей щедрости?

«Если я раздам все свое имущество, но во мне нет любви, то ничто мне не поможет.»

(стих 3)

Любить означает прервать игру, если меня попросили помочь; и проявлять терпение и сострадание к людям, чтобы помочь им почувствовать себя лучше.

«Любовь терпелива, добра.»
(стих 4а)

Любить - это радоваться, когда друг получил в подарок игрушку. Когда любишь, не говоришь: смотри, у меня есть то, чего у тебя нет.

«Любовь не завидует и не хвалится, она не гордится.»
(стих 4б)

Любить - это не соперничать. Любить - значит быть покладистым, работая с другими, чтобы выполнить задание вместе.

«Любовь не может быть грубой, она не ищет выгоды себе.»

(Стих 5а)

Любовь не сердится по любому поводу. Любовь относится ласково к людям и прощает, даже когда кто-то ошибается.

«Любовь не вспыльчива и не помнит зла.»

(стих 5б)

Я не насмехаюсь над людьми и не подтруниваю над ними, когда у них неприятности. Если я люблю других, я радуюсь их успехам.

«Любовь не радуется неправде, но радуется истине.»

(стих 6)

Когда меня наполняет любовь, я забочусь о других и сочувствую им. Я верю в их способности и поддерживаю их даже в самые трудные моменты.

«Она все покрывает, всему верит, всегда надеется, все переносит.»

(стих 7)

Вещи ломаются и теряются. Может быть меня разочаруют. Невзирая на это, я могу оставаться счастливым, если я всё буду делать с ЛЮБОВЬЮ!

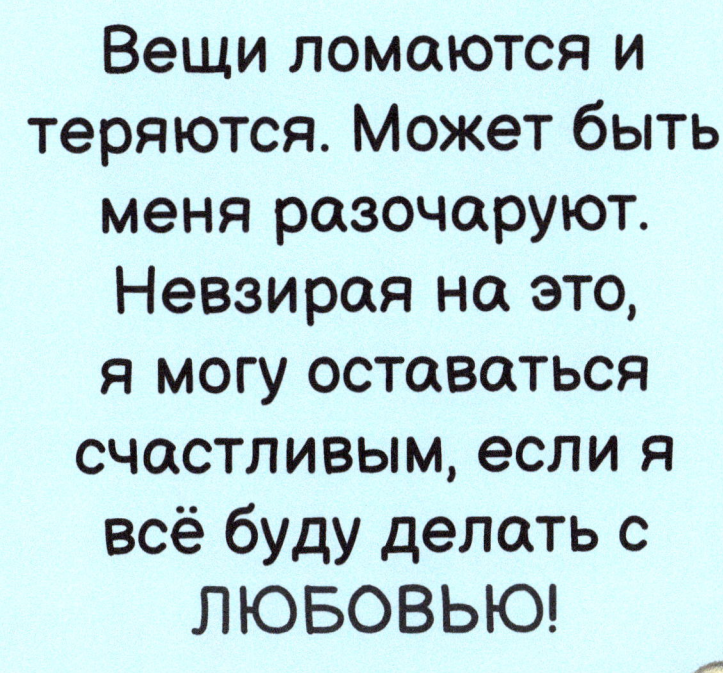

«Любовь не перестанет существовать никогда.»
(стих 8а)

Бывает я стараюсь хорошо работать и учиться новому, но в результате не выходит так, как я ожидал. В жизни не все совершенно.

«Хотя и пророчества прекратятся, и языки умолкнут, и дар знания прекратится.»
(стих 8б)

Вот три важные ценности, за которые стоит держаться: вера, надежда, любовь. Но когда мое сердце будет наполнено ЛЮБОВЬЮ, в моей жизни все будет прекрасно.

«А сейчас существуют эти три: вера, надежда и любовь, но важнее из них — любовь.»

(стих 13)

Больше книг в этой серии:

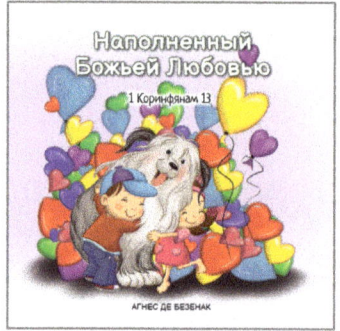

Опубликовано iCharacter Ltd. (Ireland)
www.icharacter.org
Составлено Агнес де Безенак
Перевод: Наталия Феррейра
Авторское право 2020.

www.icharacter.org

Авторское право © 2020 iCharacter Ltd. Все права защищены. Никакая часть этой книги не может быть воспроизведена в любой форме или любым электронным или механическим способом, включая системы хранения и поиска информации, без письменного разрешения издателя или автора, за исключением случаев, когда рецензент может процитировать краткие отрывки, использованные в критических статьях или в рецензии.